ACHTSAMKEIT

MALBUCH FÜR ERWACHSENE

Mit anregenden Bildern für Körper und Geist

Christina Rose

h.f.ullmann

W0322690

Mind Healing – calming colours
Mind Healing – stimulate the senses

Copyright © Bell & Mackenzie Publishing Limited
Copyright © dieser deutschsprachigen Sonderausgabe:
Ullmann Medien GmbH, Birkenstraße 10, D-14469 Potsdam
Mit freundlicher Genehmigung von Bell & Mackenzie Publishing Limited
Gesamtherstellung: Ullmann Medien GmbH, Potsdam

Alle Rechte vorbehalten

ISBN 978-3-7415-2077-8

Konzept und Redaktion: Christina Rose

Bildnachweis: Gorbash Varvara/Shutterstock.com, bekulnis/Shutterstock.com, Obukhova Alena/Shutterstock.com, Victoria Sergeeva/Shutterstock.com, Blackspring/Shutterstock.com, Crocus/Shutterstock.com, Anastasiia M/Shutterstock.com, Julia Snegireva/Shutterstock.com, Lenka Misincova/Shutterstock.com, Sablegear/Shutterstock.com, kavalenkava volha/Shutterstock.com, laziness/ Shutterstock.com, Akini/Shutterstock.com, poulayot/Shutterstock.com, Victoria Sergeeva/Shutterstock. com, Melissa King/Shutterstock.com, Julia Snegireva/Shutterstock.com, Roman Poljak/Shutterstock. com, Mespilia/Shutterstock.com, panki/Shutterstock.com, vtaurus/Shutterstock.com, james weston/ Shutterstock.com, blackstroke/Shutterstock.com, abdrashitova svetlana/Shutterstock.com, Rinika25/ Shutterstock.com, Sablegear/Shutterstock.com,

Übersetzung: Stefanie Weege

Es sind auch die kleinen Dinge, die mich faszinieren. Wolken zum Beispiel beflügeln meine Fantasie, und manchmal sitze ich nur da und träume lange Zeit vor mich hin. Wenn man träumt, überdenkt man die Welt, in der man lebt.

Theo Jansen

Lege dein Herz, deinen Geist und deine Seele auch in die kleinsten Handlungen. Dies ist der Weg zum Erfolg.

Swami Sivananda

Grenze dich selbst nicht ein. Viele Menschen beschränken sich bei dem, was sie glauben tun zu können. Du kannst so weit kommen, wie Dein Geist Dich lässt. Erinnere Dich immer daran: Was Du glaubst, kannst Du erreichen.

Mary Kay Ash

Wende dein Gesicht stets der Sonne zu, dann siehst du den Schatten nicht.

Helen Keller

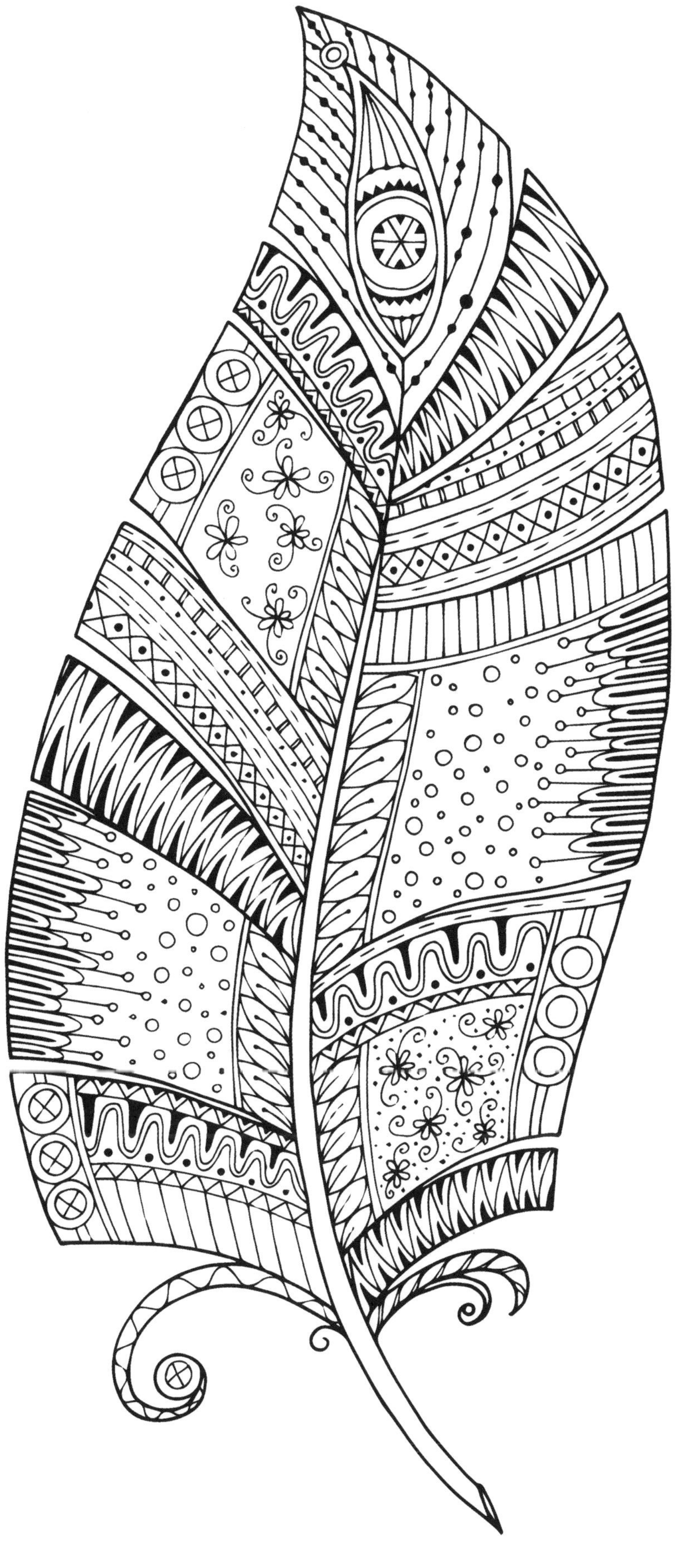

Egal was man durchmacht,
es gibt immer ein Licht am
Ende des Tunnels.

Unbekannt

Hat man negative Gedanken einmal durch positive ersetzt, erhält man positive Ergebnisse.

Willie Nelson

Glaube daran, dass das
Leben lebenswert ist, und
dein Glaube wird dazu
beitragen, es umzusetzen.

William James

Lebt man nur lange genug, so macht man Fehler. Wenn man aber aus ihnen lernt, wird man ein besserer Mensch. Es kommt darauf an, wie man mit Schicksalsschlägen umgeht und nicht auf die Auswirkungen, die sie haben. Die Hauptsache ist, nie aufzugeben.

William J. Clinton

Jeder wird im Leben von Schicksalsschlägen heimgesucht. Niemandes Reise ist leicht. Wie ein Mensch damit umgeht, macht ihn zu etwas Besonderem.

Kevin Conroy

Jemand, der Kraft aus
der Überwindung von
Hindernissen schöpft,
besitzt die Stärke, Unglück
durchzustehen.

Albert Schweitzer

In Zeiten großer Belastung oder großer Krisen, ist es das Beste, geschäftig zu bleiben und seine Wut und Energie in etwas Positives zu leiten.

Lee Iacocca

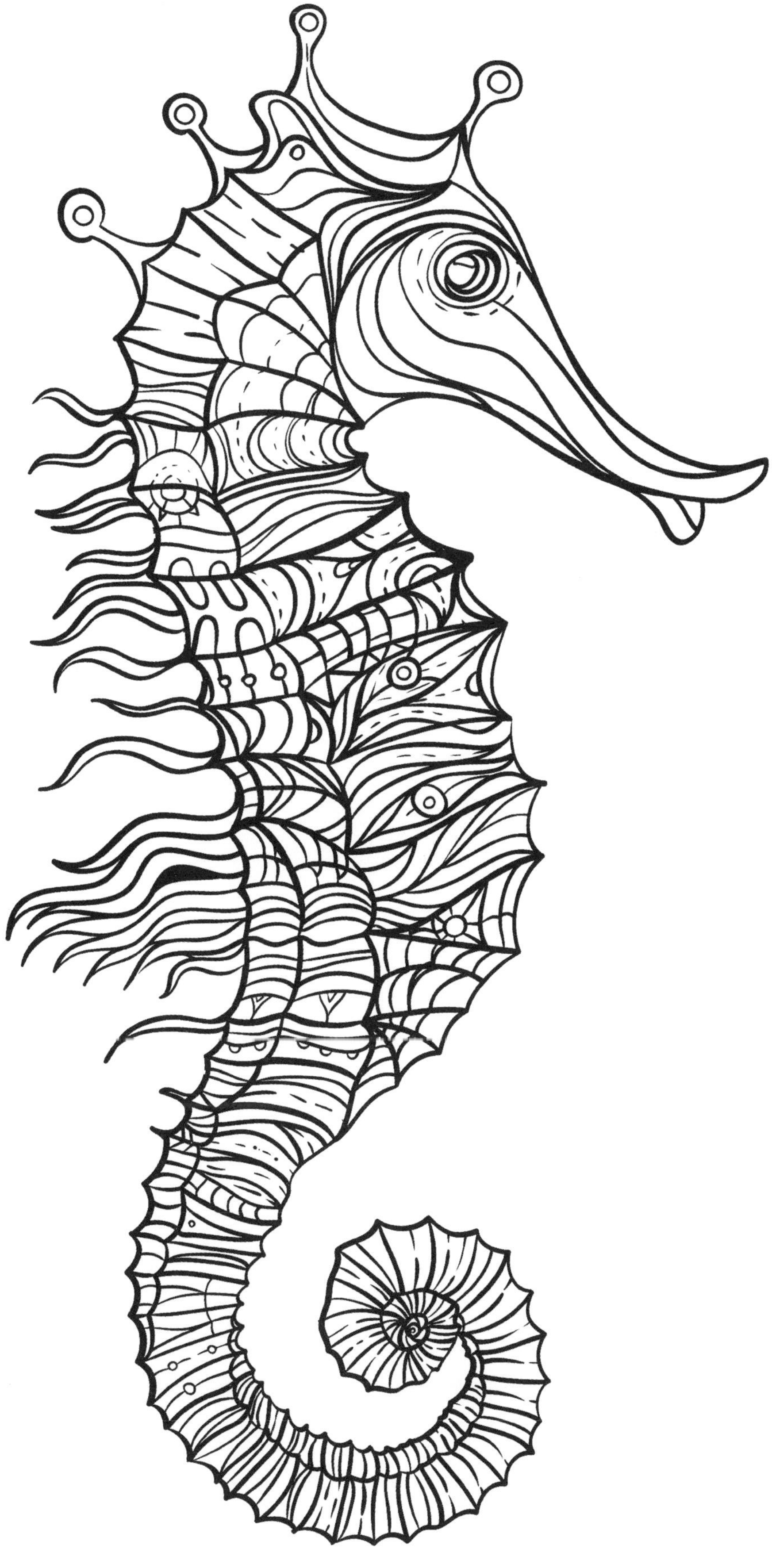

Jedes Unglück, jedes Versagen und jedes Leid ist Teil des Erfolgs.

Napoleon Hill

Heilung bedeutet nicht, dass nie Schaden angerichtet worden wäre. Es bedeutet nur, dass dieser Schaden das Leben nicht mehr bestimmt.

Unbekannt

Die eigene dunkle Seite zu kennen ist der beste Weg, mit der dunklen Seite anderer Menschen umzugehen.

Carl Jung

Sich selbst zu vergeben
ist für die Selbstheilung
unverzichtbar.

Unbekannt

Der Ärger, in dem man
heute steckt, nährt die Kraft,
die man morgen braucht.
Gib nicht auf!

Robert Tew

Deine Qualen sind Teil deiner Geschichte.

Unbekannt

Niemand wird nur dadurch
alt, dass er eine Reihe
von Jahren gelebt hat.
Wir altern, weil wir unsere
Ideale verlieren.

Samuel Ullman

Ein Großteil des Stressempfindens entsteht nicht, weil man zu viel zu tun hat. Stress entsteht, weil man begonnene Dinge nicht zu Ende gebracht hat.

David Allen

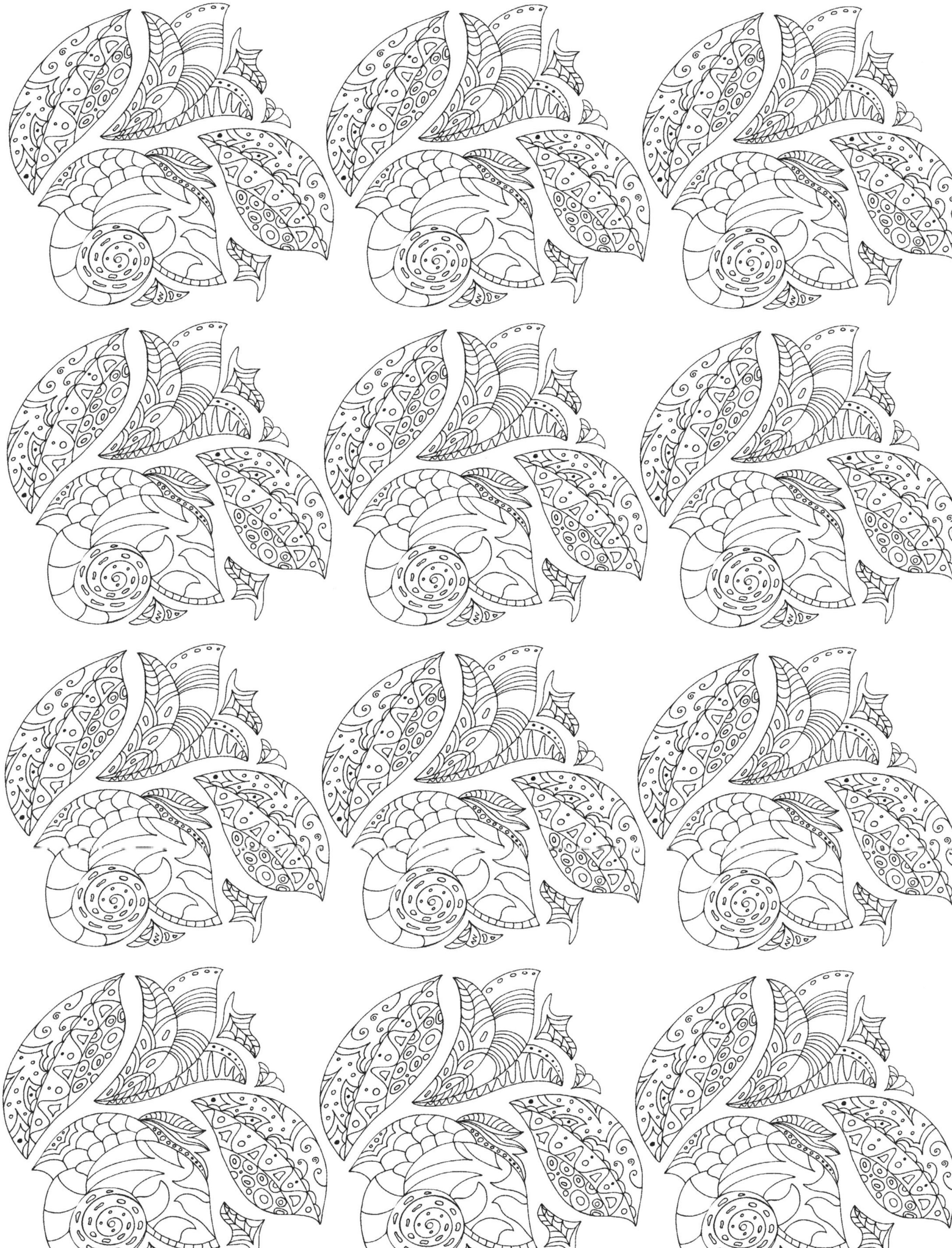

Wir schmieden die Ketten,
die wir im Leben tragen.

Charles Dickens

Ein ruhiger Geist bringt innere Stärke und Selbstvertrauen. Dies sind wichtige Voraussetzungen für die Gesundheit.

Dalai Lama

Sei niemals in Eile; vollbringe alles mit Ruhe und Gelassenheit. Verliere nicht den inneren Frieden, auch wenn alles traurig erscheint.

Saint Francis de Sales

Bleibe ruhig und gelassen, habe dich immer unter Kontrolle. Du wirst sehen, wie leicht es ist, voranzukommen.

Paramahansa Yogananda

Bist du ängstlich, so wird ein Pferd sich zurückziehen. Wenn du ruhig und selbstbewusst bist, wird es zu dir kommen.

Clare Balding

Manche Dinge lernt man
am besten in Ruhe und
manche im Sturm.

Willa Cather

Sind starke Konflikte überstanden, lassen sie einen mit dem Gefühl von Ruhe und Geborgenheit zurück.

Carl Jung

Große Ereignisse machen mich ruhig und gelassen; nur Kleinigkeiten ärgern mich wirklich.

Queen Victoria

Wenn der Frühling kommt,
bin ich wieder ruhig.

Gustav Mahler

Um den Stress im Leben loszuwerden, bedarf es mehr als nur Gebet. Man muss aktiv werden, um etwas zu verändern und Stressauslösern entgegenzuwirken. Man kann lernen, die Dinge ruhiger anzugehen.

Joyce Meyer

Nacht, geliebte Nacht! Wenn die Worte verblassen und die Dinge zum Leben erwachen. Wenn die Dinge – die wirklich wesentlichen Dinge – ihre Gestalt wiedergewinnen, nachdem sie die zersetzenden Analysen des Tages überstanden haben. Wenn der Mensch sein fragmentarisches Selbst wieder zusammensetzt und mit der Ruhe eines Baumes wächst.

Antoine de Saint-Exupery

Die Atmung ist der Kern jeder Meditationsübung. Sie ist ein perfekter Ansatzpunkt, um den Geist auf Ruhe und Konzentration zu fokussieren.

Jon Kabat-Zinn

Jeder kann ein Schiff bei ruhiger See steuern.

Publilius Syrus

Mein Vater hat immer gesagt: „Wenn man einmal in der Klemme steckt, in eine Krise oder einen Notfall gerät, gilt es Ruhe zu bewahren; dann wird man einen Ausweg finden.“

Rudolph Giuliani

Nichts gibt dem Menschen
mehr Vorteil anderen
gegenüber als unter
allen Umständen kühl
und gelassen zu bleiben.

Thomas Jefferson

Aus der Stille werden
die wahrhaft großen
Dinge geboren.

Thomas Carlyle

Ein Leben in Dankbarkeit ist ein Leben voller Ruhe, ein Leben in stiller Freude.

Ralph H. Blum